1. Einleitung

Liebe Leser*innen,

dieses Buch ist eine Einladung zum Spüren, eine Einladung, wieder heil und ganz zu werden. Die Erfahrung zeigt, dass viele Menschen, die ein Trauma erlitten haben, genau das nicht können. Es ist ihnen verwehrt, in achtsamer, ruhiger, nicht wertender Verbundenheit mit ihrem Inneren, mit der eigenen Seele zu sein, um daraus die Kraft für ein Handeln im Außen zu gewinnen. Das ist verständlich und hat seine Gründe. Im Augenblick eines Schocks oder eines Traumas fühlt sich das innere System so angegriffen und überfordert, dass es aus Notwehr eine Abspaltung und Trennung vollziehen muss. Psychologen nennen diese Prozesse Dissoziation.[1] Die Seele verabschiedet sich vom Körper, um sich zu schützen, sie geht in die innere Emigration. Das war damals eine lebensrettende wichtige Maßnahme. Gleichzeitig gibt es einen tiefen Wunsch, sich wieder lebendig zu fühlen und die im Inneren ruhenden Fähigkeiten nutzen zu können. Oft besteht eine große Unsicherheit, sich in einem bewussten Akt zu schützen und abgrenzen zu können. Für eine Verbindung der Seele mit dem dazu gehörenden eigenen Körper ist das eine wichtige Voraussetzung. Denn im Körper sind die Erfahrungen gespeichert, der Körper zuckt z. B. zusammen oder atmet erleichtert auf. Oftmals weiß er besser und schneller, was schadet und was nicht.

Wir haben uns bewusst für das Wort Einladung entschieden. Der erste Schritt besteht in einem achtsamen, nicht urteilenden Wahrnehmen der eigenen Gedanken, Gefühle, Emotionen, der Körperhaltung und Position im Raum, der inneren Bilder, die sich oft uneingeladen im Kopf tummeln. Wie wäre es, alles beobachten zu können, ohne Bewertung oder Ungeduld? Wenn du dabei z. B. wahrnimmst: »Schon wieder ist meine Aufmerksamkeit bei etwas ganz anderem«, dann kannst du dich freuen, dass es dir diesmal aufgefallen ist.

Wenn du jetzt für einen Moment in dich hinein spürst, was begegnet dir? Haben die ersten Zeilen vielleicht schon eine gewisse innere Bewegung ausgelöst? Vielleicht hast du dich verstanden gefühlt oder bist jetzt eher in einer Abwehr? Hat sich das vielleicht in deinen Gesichtszügen oder deiner Körperhaltung ausgedrückt? Und wenn ja, wie? Wie wach und präsent fühlst du dich in dir?

---

1 Vgl. Dunemann, Weiser, Pfahl, Traumasensibles Yoga – TSY, Klett-Cotta, Stuttgart, 2017, S. 19ff.

Menschen, die uns aufsuchen, haben häufig große Schwierigkeiten, ganz wach im Hier und Jetzt zu sein. Sie berichten, dass sie sich fremd fühlen, dass sie innere Zustände erleben, die sie hilflos machen. Oft haben sie die Zusammenhänge, warum sie so »ticken«, sogar erkannt, und doch bleibt ein Gefühl, nicht wirklich bei sich zu Hause zu sein. Sie fühlen sich verantwortlich für ihr So-Sein und erklären es sich mit den erlebten Verletzungen und mit eigenen Persönlichkeitsmerkmalen. Vielleicht kennst du das auch ein bisschen? Dann möchten wir dir an dieser Stelle sagen: Nicht du bist verkehrt, sondern die Umstände, die du erlebt hast, waren es! Sie haben dich unbewusst zu den Schutz- und Abwehrreaktionen genötigt. Es tut nicht gut, sich für das eigene Geprägtsein auch noch zu verurteilen! Diese Prozesse zu erkennen und zu fühlen ist der erste Schritt. In einem zweiten kannst du unterscheiden lernen, wie es sich anfühlt, wenn du im Stress bist oder wenn du dich wirklich sicher und entspannt fühlst. Du wirst quasi mit der Zeit eine sich immer weiter entfaltende »Feinjustierung« für dein inneres Erleben entwickeln.

Wir möchten mit diesem Werk wie mit unseren beiden anderen Büchern[2] eine Verbindung herstellen zwischen den Möglichkeiten des Yoga und den Auswirkungen von traumatischen Erfahrungen. Die Erkenntnisse der letzten Jahrzehnte über das Autonome Nervensystem und das Zusammenspiel der Hirnnerven zeigen deutlich, dass eine tatsächliche Integration traumatischer Erfahrungen nicht ohne den Körper und vor allem nicht ohne das Wieder-Entdecken der eigenen Spürfähigkeit gelingen kann. Alle Übungen, die du im Praxisteil findest, sind eine Einladung an dich, die verschiedenen Qualitäten des Spürens zu erforschen. So wirst du mit der Zeit immer sensibler und feinfühliger und spürst, was du wirklich brauchst und was dir guttut. Du wirst dabei deinen Körper und dadurch dich selber immer besser kennen lernen und kannst andere Wege finden, dich zu schützen.

Wenn du ein Trauma, etwas existentiell Bedrohliches erlebt hast, dann warst du in dieser Situation nicht nur total überfordert, sondern oft auch ganz allein. Wir empfehlen Dir daher, wenn du dich unsicher fühlst und/oder die traumatisierende Situation dich nicht loslässt, die Übungen zunächst in Begleitung einer professionellen Person durchzuführen. Sie kann dir die nötige Sicherheit vermitteln, ohne die ein Einlassen auf das Spüren nicht möglich wäre. Eine Liste von geschulten Yogalehrenden und Psychotherapeut*innen findest du auf unserer Homepage (www.traumasensiblesyoga.de).

2 Weiser, Dunemann, Yoga in der Traumatherapie, Klett-Cotta, Stuttgart, 2010

Die geschulte Begleitperson weiß, wie Trauma-Verarbeitungsprozesse üblicherweise stattfinden können, sie ist jedoch auf die Mitarbeit des kompetenten Anteils in dir angewiesen, denn du selbst bist es, der/die dich am besten kennt. Du weißt besser, was dir helfen könnte und was für dich richtig und wichtig ist. Zusammen könnt ihr dann wichtige Schritte gehen.

Wir erleben häufig, dass Betroffene erst eine Weile zur Einzelarbeit kommen und anschließend an einem Gruppenangebot teilnehmen. So wächst mit der Zeit das Repertoire und vor allem natürlich die innere Sicherheit. So können die Übungen und vor allem die damit einhergehenden Qualitäten des Spürens und der Selbstregulation zu einer Art »Ressourcenkoffer« werden.

2. Gebrauchsanweisung

Wir empfehlen dir, zunächst das Begleitbuch zu lesen, weil es dir vielleicht die Zusammenhänge erhellt, warum du so fühlst und reagierst, wie du es tust.

In vielen Augenblicken bist du vielleicht ganz einverstanden mit deinem Erleben, fühlst dich einigermaßen im Kontakt mit dir und kannst so handeln, wie du es dir vorgestellt hast. Es läuft quasi ganz zufriedenstellend.

Es könnte sein, dass du dich in anderen Momenten deinen Gefühlen, Gedanken, inneren Bildern und Körpersensationen gegenüber machtlos fühlst. Als würde in dir ein Programm starten, auf das du keinen Zugriff mehr hast und das sich nun wie von selbst abspielt. Vielleicht wunderst du dich selbst über deine daraus resultierenden Reaktionen und verstehst sie nicht. Dann fängst du an zu überlegen, womit es zu tun haben könnte, und findest eventuell deine Erklärungen dafür. Manchmal ist das hilfreich, oft aber auch nicht. Vielleicht machst du dir Vorwürfe, zweifelst an dir, schämst dich. Wirklich besser lässt dich das vermutlich nicht fühlen.

»Kein Ding ist gut oder schlecht, das Denken macht es erst dazu«, hat bereits William Shakespeare erkannt. Im Yoga wird den Bewertungen, die in unserem Denken fast wie von selbst auftauchen, keine größere Bedeutung gegeben. Sie sind einfach da. Es ist auch nicht hilfreich, sie stoppen zu wollen, dann werden sie umso rebellischer. Es gibt aber das Phänomen der Gleichzeitigkeit. Wenn unsere Aufmerksamkeit sich immer auf das einstellt, was sie gerade für interessant und spannend erklärt, dann könnte ja gleichzeitig etwas anderes geschehen, das sie für sich einnimmt.

Grundübung:

Wenn du möchtest, schließe für einen Augenblick die Augen und nimm deine Gedanken wahr. Gibt es in dir eine Instanz, die das, was du gerade gelesen hast, bewertet? Wie sieht diese Bewertung aus? Löst das irgendwelche weiteren Reaktionen in dir aus? Nimm auch das wahr. Vielleicht bewertest du dich dafür, dass du bewertest, und es beginnt eine weitere Kaskade von etwas, das man Reiz-Reaktions-Muster nennt. Nimm es einfach wahr. Gleichzeitig reibe deine Hände aneinander. Spürst du den Kontakt der Handinnenflächen zueinander? Wenn ja, wie fühlt es sich an? Dann drücke die Hände etwas fester gegeneinander, wie spürst du das? Variiere mit der Spannung und finde ein für dich gutes Maß. Nun löse die Hände so weit voneinander, dass sich nur noch die Fingerkuppen berühren. Lege die Hände damit in den Schoß. Wo ist deine Aufmerksamkeit jetzt? Vielleicht pendelt sie zwischen den Gedanken und der Körperwahrnehmung hin und her. Ist das eine oder das andere stärker? Was verändert sich, wenn der Druck der Hände gegeneinander wieder stärker wird? Finde das Maß für dich, das dich deine Hände und Fingerkuppen spüren lässt.

Richte gleichzeitig die Aufmerksamkeit auf den Atem. Kannst du ihn wahrnehmen? Wenn ja, wie fühlt sich der Ein- und wie der Ausatem an? Bleibe für mehrere Atemzüge dabei und beende dann die Übung. Wie erlebst du dich jetzt?

Diese Grundhaltung des augenblicklichen Gewahrseins ist die Basis für eine neue Erfahrung, für Lernen und Entwicklung. Sie ist auch die Basis für das, was man die Integration traumatischer Erfahrungen nennt. Yoga praktizieren wir aus genau dieser inneren Haltung heraus. Falls die Grundübung für dich funktioniert hat, hast du jetzt eine Erfahrung, auf die du zurückgreifen kannst, wenn du mit Übungen, die du noch kennenlernen wirst, nicht klarkommst. Du wirst weitere Möglichkeiten entdecken, wie du zu dieser Präsenz finden kannst. Sollte die Grundübung für dich schwierig oder nicht möglich sein, empfehlen wir dir, wie in der Einleitung beschrieben, für den Anfang eine Begleitung.

Das Kapitel zum Autonomen Nervensystem (ANS) und der Polyvagaltheorie liefert die Erklärungen dafür, warum wir Yoga so unterrichten bzw. in unserer therapeutischen Arbeit einsetzen, wie wir es tun.

Wenn du das verinnerlicht hast, wird dir der Praxisteil vielleicht in einem helleren Licht erscheinen.

Du wirst auf den Karten viele Übungsvorschläge finden. Sie sind aus der Fülle der Yogaübungen exemplarisch ausgewählt. Sie sind als Anregungen zu verstehen, weil sie wichtige Aspekte und Qualitäten erfahrbar werden lassen.

Für die Durchführung der Übungen ist es elementar, die sogenannten Leitlinien des TSY zu beherzigen. In unserem letzten Buch sind sie sehr ausführlich beschrieben. Wir möchten deshalb an dieser Stelle auf die wichtigsten Grundprinzipien hinweisen.

Du brauchst einen sicheren Ort. Wenn du dich in dem Raum, auf dem Platz, wo du üben möchtest, nicht wohlfühlst, wird ein Teil von dir im Stress sein. Um in deinem Inneren ein Gefühl von Sicherheit zu entwickeln, braucht es zunächst die Sicherheit im Außen. Vielleicht kannst du dir in deinem Zuhause einen festen Platz für deine Matte einrichten, den du so gestaltest, dass er deinen Bedürfnissen entspricht. Es ist wichtig, dass du dort wirklich ungestört bist, kein Handyklingeln, Partner usw. dich immer wieder ablenkt. Du richtest dir eine kleine Oase ein. Achte auf eine bequeme Unterlage, es ist weniger wichtig, dass sie rutschfest ist, als dass sie dir z. B. in der Rücken- und Bauchlage das Gefühl vermittelt, du kannst dich einkuscheln. Denke an einen Säugling, der sich wohlig in die Arme einer ihn liebevoll und sicher haltenden Person schmiegt.

In jeder Stellung, die du einnimmst, braucht es zunächst das Gefühl von Sicherheit, sonst kann sich die heilsame Wirkung nicht entfalten. Wenn es dir zu Hause nicht möglich ist, einen solchen Ort zu schaffen, wäre das auch eine Überlegung für eine Begleitung. Eine Pflanze, die nicht die für sie passenden Verhältnisse im Außen hat, wird nicht wachsen und blühen können. Wir erleben es immer wieder, dass Menschen an dieser Stelle zu genügsam sind. Wie oft hören wir: Das geht schon. Nein, es geht eben nicht. Das ANS ist im Alarmzustand, auf Krawall gebürstet oder schaltet einen Teil einfach ab, ohne dass du es merkst. Nimm dich selbst ernst und achte auch in dieser Hinsicht gut auf deine Bedürfnisse.

Dieses Gefühl der Sicherheit gilt ebenso für die Übungspraxis. Wenn du dich in eine Position zwingst in der Annahme, mit der Zeit wird es schon besser, der Körper gewöhnt sich daran, machst du wieder Erfahrungen, in denen deine Bedürfnisse vernachlässigt werden. Das sind alte Muster und führen nicht zum mehr, sondern zum weniger Spüren. Grenzen achten und im Gewahrsein zu bleiben heißt nicht, dass keine Entwicklung stattfindet. Sondern mit dem richtigen Maß geübt, entfaltet sich die Wirkung auf die Muskeln, Gelenke, Faszien, auf das ANS nachhaltig in die gewünschte Richtung. Konkret heißt das, sobald du einen Schmerz, eine Verkrampfung und/oder einen deutlichen Widerwillen in dir spürst, gilt es etwas zu verändern. Du wirst in Kapitel 3 weitere wichtige »Spürmarker« und Hinweise finden, worauf du achten kannst. Ein Zittern kann ein Hinweis sein, dass sich etwas lösen möchte, lass das einfach zu.

Die Übungen sind lediglich als Beispiele zu verstehen. Wichtiger als eine korrekte Ausführung der Form ist die Wirkung, die bei dir ausgelöst wird. Eine Übung, die wir z. B. unter dem Aspekt Beruhigung angeführt haben, kann in dir eine ganz andere Wirkung entfalten. Du wirst herausfinden, welche Übung was in dir auslöst und was hilfreich für dich ist und was nicht. TSY wurde entwickelt, um die spürende Verbindung von Körpererfahrung und Bewusstsein wieder zurückzugewinnen.

Denke an Shakespeare, so, wie du es fühlst, ist es genau richtig. Du wirst herausfinden, wie du Übungen so verändern, an deine Bedürfnisse anpassen kannst, dass sie für dich stimmig sind. Die Anleitungen auf den Karten sind aus Platzgründen nicht so ausführlich.

In der Audio-Datei findest du die Übungen von uns wesentlich differenzierter angesagt. Es ist hilfreich, die Übungen zunächst mit dem gleichzeitigen Abspielen der Ansagen zu praktizieren, bevor du nur die Karten verwendest.

Yoga ist kein Marathon und keine Olympiade, es geht dabei nicht um Leistung!

Schließe wieder kurz die Augen und stelle dir eine Situation aus deinem Leben vor, die sich leicht und einfach anfühlt. Was kannst du bei dieser Vorstellung in deinem Körper wahrnehmen? Wie reagieren die Muskeln darauf, dein Atem, der Herzschlag? Wie fühlst du dich dabei?

Lasse das einen Moment nachwirken. Dann stelle dir eine Situation vor, die anstrengend und mühsam ist. Was macht das mit dir, mit deinem Körper? Kannst du einen Unterschied wahrnehmen? Wie wäre es, wenn es in deinem Leben mehr Leichtigkeit geben könnte?

Vielleicht empfindest du das im Augenblick als große Provokation und Zumutung. Dein Gehirn produziert sicherlich viele Gedanken, die dich darin bestätigen.

Möglicherweise gibt es in dir durch das, was du erlebt hast, keine Vorstellung von einer solchen Leichtigkeit. Ja, das kann sein und das ist schmerzhaft, vielleicht macht es dich traurig oder wütend. Sollte das so sein, wären es völlig angemessene Gefühle. Es geht uns nicht darum, das auszublenden. Im Gegenteil: Es gehört dazu, es gehört zu dir und wünscht sich Beachtung! Dann denke wieder an das Prinzip der Gleichzeitigkeit, an die Grundübung. Vielleicht wiederholst du sie noch einmal mit all dem, was dich jetzt gerade bewegt.

Erweiterte Grundübung:

Während du gleichzeitig deinen Schmerz oder was dich gerade aufwühlt wahrnimmst, drücke die Hände gegeneinander. Finde das richtige Maß an Spannung. Nimm wahr, wie deine Aufmerksamkeit vielleicht pendelt. Nimm wahr, was geschieht. Wenn es dir möglich ist, spüre gleichzeitig deinen Atem. Du atmest in jedem Augenblick deines Lebens, ob du wach bist oder schläfst. Der Atem ist immer bei dir. Er reagiert sehr sensibel auf das, was in deinem ANS passiert. Er zeigt dir an, ob du dich in Gefahr oder sicher fühlst. Indem er sich an die jeweilige Situation anpasst, verstärkt er die Wirkung im Sinn einer Rückkoppelung. Wenn du dich sicher fühlst, entspannt sich auch dein Atem. Der zur Ruhe kommende, in seinen natürlichen Rhythmus findende Atem entspannt dich dann vielleicht noch ein bisschen mehr. Nimm den Atem nun einfach wahr.

3. Die Wunder des Autonomen Nervensystems

Vermutlich wunderst du dich bisweilen über dich selbst und kannst deine spontanen Reaktionen nicht immer in einen Zusammenhang mit der erlebten Situation bringen. Wie aus dem Nichts taucht vielleicht plötzlich eine Wut auf, ein Ärger, der dein Herz schneller schlagen lässt und in deinem Kopf vielleicht Druck macht. In einem anderen Moment fühlst du dich möglicherweise wie gelähmt, du bringst keinen Ton heraus und würdest dich am liebsten im Bett verkriechen. Wunderst du dich manchmal über ähnliche Reaktionen deiner »lieben Mitmenschen«, die dir ebenso unerklärlich erscheinen?

Der Verursacher dieses ganzen Wunderns ist das Autonome Nervensystem (ANS).

Um bei dem Bild zu bleiben, stellt die ausgeklügelte Funktionsweise des Autonomen Nervensystems (ANS) in Verbindung mit unserem Gehirn tatsächlich ein großes Wunder dar. Es dient und diente seit Menschengedenken vor allem dem Überleben in einer nicht immer freundlich gesonnenen Welt. Es ist und war quasi ein Schutzmechanismus und reagiert auf Gefahr wie eine Alarmanlage. Gleichzeitig ermöglicht es ein Leben in Beziehung, mit sich selbst und anderen. Es ist darauf ausgerichtet, dass in der jeweiligen Situation eine angemessene Reaktion möglich wird.

Wir können die Wirbelsäule – unser inneres Knochen-**gerüst**, das uns Stabilität und Aufrichtung verleiht – sowie die Muskeln und Gelenke, die uns Bewegung ermöglichen – als unsere innere Hardware bezeichnen. In diesem Vergleich ist das ANS unsere Software, deren Programmierung bereits vor unserer Geburt stattfand und die durch besonders eindrückliche Erlebnisse lebenslang aktualisiert wird.

Diese individualisierte Software vermittelt zwischen innen und außen, hat ein sehr empfindliches Sensorium und spürt schnell, was uns wohltut oder was uns in Aufregung und Spannung versetzt. Wir können der Hardware, unserem Körper, **bewusst** Aufträge erteilen, die äußerlich sichtbar auf dem Bildschirm erscheinen. Das ANS dagegen arbeitet **unbewusst**, seine Übermittlung der Informationen von außen nach innen geschieht autonom und automatisch. Ein strenger Blick und eine hart klingende Stimme eines dir nahestehenden Menschen könnte z. B. unbewusst eine Kette von Reaktionen hervorrufen. Dir ist es vielleicht gar nicht bewusst, dein ANS weiß besser als du, dass dir das Angst macht, weil du schon mal in einer für dich sehr unangenehmen Situation eine ähnlich klingende Stimme gehört und einem strengen Blick ausgesetzt warst. Wir können uns bewusst vornehmen, eine bestimmte Körperhaltung einzunehmen, z. B. uns für eine Tiefenentspannung auf den Rücken zu legen. Ob unsere Software, das ANS, das aber wirklich als entspannend erlebt, hängt davon ab, ob es Signale von sicher sein empfängt. Wenn das nicht der Fall ist, wird das ANS Alarm schlagen und du bekommst vielleicht plötzlich Herzrasen oder Druck in der Brust. Das ANS mobilisiert alles, damit du dieser für dich unsäglichen Situation entkommen kannst. Du kannst viel von ihm lernen, wenn du ihm achtsam zuhörst und immer vertrauter mit seiner Stimme wirst. Es kann dir mitteilen, welche Personen und welche Tätigkeiten dir guttun und deiner Gesundheit förderlich sind und welche nicht. Wenn du dich in diesem Gespräch mit dem ANS etwas übst, wirst du z. B. auch spüren, dass es Menschen gibt, in deren Nähe sich deine Schultern automatisch entspannen und – ohne dass es dir bewusst ist – wird dein Atem langsamer und tiefer.

Dieses Übungsbuch lädt dich ein, diese automatischen Reaktionen immer subtiler wahrnehmen zu können. Du gewinnst dadurch Einfluss auf deinen Handlungsspielraum, dein Immunsystem und auf deine Gesundheit. Es geht um deine individuellen Reaktionen. Jeder Mensch reagiert anders, und Menschen mit traumatischen Vorerfahrungen haben eine spezifische Sensibilität entwickelt. Sie äußert sich in sogenannten Triggersituationen, es ist gut, diese zu kennen.

Wenn sich ein Säugling sicher gehalten in den Schlaf wiegen lässt, schnurrt das ANS entspannt wie ein Kätzchen. Hat er jedoch Hunger und dieser wird nicht gestillt, beginnt das ANS in existentieller Not wie eine Alarmanlage zu »plärren«. Da ein Säugling der Situation noch nicht eigenmächtig entkommen kann, ist er darauf angewiesen, dass von außen eine Befriedigung der Bedürfnisse und damit eine Besänftigung des ANS stattfindet. Ist er ausreichend gesättigt, schläft der Säugling vielleicht im Arm der Mutter ein und sein System kehrt aus äußerster Erregung zurück in einen Zustand der Ruhe.

Das ANS pendelt zwischen einer sympathischen (Erregung) und einer parasympathischen (Beruhigung) Reaktion hin und her. Im Zustand der Gefahr werden vom Sympathikus alle Kräfte mobilisiert, um dieser durch Kampf oder Flucht zu entkommen.

Das Sympathische Nervensystem hat seinen Ursprung in den Spinalnerven, die im Bereich der unteren Brustwirbelsäule (BWS) und oberen Lendenwirbelsäule (LWS) im Rückenmark entspringen. Dieser Teil des Nervensystems ist für Mobilisierung zuständig, wozu auch die Gliedmaßen gehören. Der erregte Säugling wird vermutlich mit Armen und Beinen zappeln.

Dabei senden die Nebennieren Adrenalin aus, und wenn die Gefahr nicht nachlässt, wird innerhalb der nächsten Minuten Kortisol freigesetzt. Das führt zu einer Weitung der Pupillen, Schwitzen und einer Steigerung der Atem- und Herzfrequenz sowie des Muskeltonus. Es werden mehr Kräfte für die Mobilisierung freigesetzt, die Anstrengung nimmt zu.

Ist die Gefahrensituation überstanden und die Situation wieder sicher, sind die Bedürfnisse gestillt, übernimmt der Parasympathikus die Regie. Hier spielt ein sehr komplexer Hirnnerv eine ganz besondere Rolle, der Vagusnerv. Wie ein Vagabund, deshalb Vagus, besteht er aus sich weit verzweigenden Nervenbündeln. Er verläuft abwärts zum Herzen und den Verdauungsorganen sowie in Verbindung mit anderen Hirnnerven aufwärts zum Gesicht. So ermöglicht er in beide Richtungen eine direkte Kommunikation zwischen Körper und Gehirn. Dieser Vagusnerv gliedert sich in zwei Pfade, die ursprünglich aus unterschiedlichen Phasen der Evolution stammen. Beide Nervenbündel entspringen einem Teil des Stammhirns, der mit dem Rückenmark verbunden ist.

Wenn der Säugling nach der erlebten Not und der sympathischen Erregung gestillt wird, dann erlebt er dabei vermutlich nicht nur Sättigung sondern auch Sicherheit. Vielleicht spricht seine Mutter besänftigend mit ihm, schaukelt ihn in ihren Armen, möglicherweise findet ein Blickkontakt statt. Das Kind nimmt in diesem Moment viele verschiedene Reize auf, die sowohl den zeitgeschichtlich älteren Teil des Vagusnervs, den dorsalen, als auch den jüngeren, den ventralen, stimulieren. Der ältere, dorsale Teil reguliert die Verdauung und zusammen mit dem ventralen Vagus und dem Sympathikus die Atmung. Ruhig atmend, mit normalem Blutdruck und Puls wird der Säugling nun schlafen.

Wenn der Säugling aber z. B. die Erfahrung machen muss, dass seine Bedürfnisse nicht zuverlässig gestillt werden, sondern er anhaltend schreit, ohne dass sein Hunger und/oder andere existentiellen Grundbedürfnisse befriedigt werden, dann gibt er irgendwann auf. Was zunächst aus Erschöpfung geschieht, wird mit der Zeit im Sinn des Reiz-Reaktions-Musters ein Aufgeben des »Kämpfens«, weil es nicht zum Erfolg führt. Vernachlässigte Säuglinge wirken häufig apathisch und antriebslos und sind dadurch in ihrer gesamten Entwicklung beeinträchtigt. In diesem Fall wird nach der Aufregung der ventrale Vagus, der auch Beziehungsnerv genannt wird, nicht angeregt. Der Säugling wird sich in einem unsicheren Zustand befinden, der dorsale Vagus ist aktiviert.

Kinder machen in den ersten Lebensmonaten grundlegende Erfahrungen, die ihr »Nervenkostüm«, ihren gesamten Stoffwechsel (so kann schon bei Säuglingen der Kortisolspiegel dauerhaft erhöht sein) und die Entwicklung beeinflussen. Wenn Kinder in dieser Zeit in einem sicheren Umfeld aufwachsen, versorgt von Menschen, die in der Lage sind, auf ihre Bedürfnisse angemessen einzugehen, entwickelt sich das, was als Urvertrauen bezeichnet wird. Dieses Urvertrauen spielt sich vor allem in der Funktion des Autonomen Nervensystems ab und beeinflusst in erheblichem Maß die Fähigkeit, Bindung einzugehen.

Betrachten wir das ANS nun aus der Sicht der Evolutionsgeschichte, um weitere wichtige Zusammenhänge zu verstehen. Die Funktion des ANS sorgte immer schon für Sicherheit, Wohlbefinden, Wohlstand (ausreichend Nahrung und Schutz) und die Fähigkeit, sich fortzupflanzen. Dabei ist es auf drei verschiedene Situationen ausgerichtet: Sicherheit, Gefahr und Lebensgefahr. Stephen Porges[3] hat mit seinen Forschungen entdeckt, wie die Komplexität des ANS perfekt in allen Situationen funktioniert. Da er dabei die Vielfältigkeit des Vagusnervs entschlüsselt hat nannte er es die Polyvagaltheorie.

3 Vgl. Deb Dana, Die Polyvagaltheorie in der Therapie, Probst-Verlag, Lichtenau/Westfalen, 2018, S. 23ff.

Der dorsale Teil des Vagusnervs existierte schon vor 500 Millionen Jahren bei kieferlosen Fischen, später bei Reptilien. Für Atmung, Verdauung und Fortpflanzung sorgend, schaltet er bei Gefahr die Vitalfunktionen herunter und drosselt das System in einen Zustand der Erstarrung, um so das Überleben zu ermöglichen. Diese Reaktion ist dem ANS bis heute erhalten geblieben. Tiere fallen in einen Totstellreflex. Der Löwe verliert dadurch vielleicht an der leblosen, kleinen Gazelle sein Interesse, weil er kein Aasfresser ist. Wenn ein Mensch sich in einer ausweglosen Situation befindet, sein Leben bedroht ist, reagiert das ANS auf die gleiche Weise. Die Vitalfunktionen (Atem- und Herzfrequenz sowie die Muskeltätigkeit) werden auf ein Minimum runtergedrosselt. Herz, Lunge, Magen und Darm ziehen sich quasi zusammen und verkrampfen. In diesem Zustand der Erstarrung sind außer dem Stammhirn als ältestem Teil des Gehirns die Bereiche abgeschaltet, die Fühlen und Denken ermöglichen würden. Dies dient dem Schutz, um die ganze Wucht des Schmerzes und des Schreckens nicht wahrzunehmen, und sichert dadurch das Überleben.

Zu einem späteren Zeitpunkt der Evolution findet man in der Tierwelt ein weiter entwickeltes Gehirn und Nervensystem. Der Sympathikus unterstützt nun in der Aktivität die Bewegungen von Rumpf und Gliedmaßen. Er ist bei Gefahr auf Kampf oder Flucht ausgerichtet und mobilisiert dafür alle wichtigen Vitalfunktionen wie Steigerung der Herz- und Atemfrequenz sowie des Muskeltonus. Ein Mensch, der sich angegriffen fühlt, wehrt sich vielleicht mit einem Wutausbruch. Vielleicht bekommt er einen roten Kopf und fängt an zu schwitzen, klar denken kann er jetzt sicherlich nicht mehr. Das Fühlen ist eingeschränkt.

Ab dem Erscheinen der Säugetiere in der erdgeschichtlichen Entwicklung hat das Nervensystem den ventralen Vagusnerv entwickelt. Es ist sicherlich kein Zufall, dass er in einem Teil des Stammhirns entspringt, der für Saugen, Stimmgebung, Gesichtsausdruck und Hören zuständig ist. Dieser Pfad ermöglicht Kommunikation und In-Beziehung-Sein. Er ist mit Herz und Lunge verbunden und drosselt die Aktivität des Sympathikus. So reguliert er den gesamten Organismus in einen Zustand der Ruhe, und die Vitalfunktionen können gut arbeiten. Alle Bereiche des Gehirns sind funktionstüchtig, Fühlen und Denken sind möglich.

Wenn der Person, die eben noch einen Wutausbruch hatte, jemand verständnisvoll begegnet, ihr zuhört und sie ernst nimmt, wird sich vermutlich der ventrale Vagusnerv wieder einschalten, sodass eine Beruhigung der Situation möglich ist.

Porges vergleicht die drei inneren Zustände mit den drei Ampelphasen:

Grün:
Sicherheit, Geborgenheit in der Welt, entspannter Gesichtsausdruck, Augenkontakt, synchron und wechselseitig in Resonanz mit einem anderen Menschen und verbunden mit sich selbst und eigenen Gefühlen **(ventraler Vagus)**

Gelb:
Es droht Gefahr, starke Mobilisation des Sympathikus, Kampf oder Flucht

Rot:
Lebensbedrohung, Totstellreflex, Erstarrung **(dorsaler Vagus)**

Stanley Rosenberg[4] hat zwei weitere Zustände beschrieben, es sind sogenannte Misch-Zustände, wie wir sie im TSY anregen möchten:

Ventraler Vagusnerv und Sympathikus sind gleichzeitig aktiv, z. B. in einer aktiven Yogaübung wie dem »Held«, verknüpft mit den Gefühlen von Sicherheit, wacher Lebendigkeit, Neugier, Konzentration, einem guten Gespannt-Sein, das Spüren während der Übung ist möglich, Herz-Kreislauf, die Durchblutung und andere Vitalfunktionen werden angeregt.

Ventraler und dorsaler Vagusnerv sind gleichzeitig aktiv, z. B. in einer Entspannung wie der »Delphinhaltung«, das Herunterfahren von Aktivität führt in die Entspannung im Zustand erlebter Sicherheit, das ist eine Immobilisierung ohne Angst, das Spüren vertieft sich, Erfahrungen von Verbindung, eine vertiefte Beruhigung findet statt.

4 Stanley Rosenberg, Der Selbstheilungsnerv, VAK Verlag, Kirchzarten, 2017

In einer das Leben bedrohenden Situation reagiert der Sympathikus auf die beschriebene Weise, ohne dass die Mobilisierung eintreten kann. Die freigesetzte Energie kann quasi nicht entladen werden. Tiere schütteln sich nach einer Schrecksituation, Menschen weinen, zittern, schwitzen, z. B. wenn die Gefahrensituation vorüber ist. Das sind hilfreiche Reaktionen, die der Regulierung dienen. In einem Moment, der Todesangst auslöst, schaltet der Sympathikus ab und die Aktivierung des dorsalen Pfades führt in einen Zustand der Ohnmacht, Lähmung und Hilflosigkeit. Es ist, als sei in der Schrecksituation etwas eingefroren.

Traumatisierte Menschen leiden darunter, dass sie sich weder in einem kraftvollen noch in einem entspannten Zustand befinden. Sie können sich nicht mehr spüren, erleben sich als fremd im eigenen Körper und fremd unter Menschen. Je nach Schwere und Komplexität der Erfahrungen sind sie in einem Modus unterwegs, den man als »voll Gas geben und gleichzeitig auf die Bremse treten« beschreiben kann. Das System ist in einem Ausnahmezustand. Es schwankt zwischen Über- (Hyperarousal) und Untererregung (Hypoarousal). Die fehlende Sicherheit lässt das sympathische Nervensystem in einem dauerhaften Wachzustand verweilen. Das kann zu vielerlei Symptomen wie z. B. extreme Unruhe, Angst, Panikattacken, Schlaflosigkeit, erhöhtem Blutdruck, Gelenkbeschwerden, starken Schmerzen und chronischen Verspannungen führen. Die dorsale Untererregung kann z. B. dissoziative Zustände, Depression, Isolation und chronische Erschöpfung verursachen.

Ein weiterer wichtiger Aspekt der Polyvagaltheorie ist die sogenannte Vagusbremse. Betrachten wir dazu den Herzschlag. Die Herzfrequenz ist auch im Ruhezustand beim Einatmen schneller als beim Ausatmen. Das ist die Einwirkung des ventralen Vagusnervs. Gleichzeitig stabilisiert er durch die Einwirkung auf den Sinusknoten dabei die Herzfrequenz bei etwa 72 Schlägen pro Minute. Das nennt man Vagusbremse. Sie funktioniert ganz im Sinn einer Bremse: Bei Lockerung beschleunigt sich das Tempo, beim Betätigen wird es gedrosselt. Um die Zusammenhänge deutlicher werden zu lassen, stellen wir uns dazu folgende Situationen vor:

Frau A., die gern mit der Bahn reist, sitzt gemütlich in einem leeren Zugabteil und genießt die schöne Landschaft, die am Fenster vorbeizieht. Sie fühlt sich sicher. Das Herz schlägt ruhig, die Vagusbremse ist aktiviert. Beim Umsteigen hat sie vielleicht Gepäck zu manövrieren und muss sich beeilen, um den Anschlusszug zu erwischen. Die Vagusbremse lockert sich, um den Herzschlag zu erhöhen und die Leistungsfähigkeit zu steigern. Der Sympathikus ist zusätzlich in Aktion, ohne die Stresshormone Kortisol und Adrenalin auszuschütten. Es handelt sich für sie um eine zu bewältigende Alltagssituation, die als nicht gefährlich eingeschätzt wird. Wird der Anschluss erreicht, ist der Sitzplatz eingenommen und schaukelt der Zug wieder gemütlich durchs Land, tritt die Vagusbremse wieder auf den Plan. Frau A. ist wieder im grünen Bereich (s. Ampel) unterwegs und macht jetzt vielleicht ein Nickerchen.

Ganz anders ist Herr B. unterwegs. Er fährt eigentlich viel lieber mit dem Auto, und allein der Aufenthalt auf dem Bahnhof, der Lärm, die Ungewissheit, ob alles klappt, die Züge pünktlich sind, machen ihm Stress. Er bemerkt vielleicht Herzklopfen, der Atem geht schneller, vielleicht spürt er Druck in der Brust. Er ist eher in einem Kampf- Flucht-Modus unterwegs. Die Ampel springt auf orange. Die Vagusbremse ist jetzt vollständig gelöst und sein Sympathikus setzt gleichzeitig Kortisol und Adrenalin frei. Er wird die Fahrt mit Stress beginnen. Vielleicht hat er Glück und findet im Zugabteil einen netten Gesprächspartner, mit dem er sich angeregt über eines seiner Lieblingsthemen unterhalten kann. Während dieses Kontaktes wird die Aktivierung des ventralen Vagus dafür sorgen, dass sich sein System wieder beruhigt. Es findet das statt, was man Co-Regulation nennt.

Mal angenommen, Herr B. ist zu einem beruflich extrem wichtigen Termin unterwegs. Dieser Termin macht ihm Druck, weil er sich nicht gut vorbereiten konnte. Jetzt landet er auch noch in einem überfüllten, verspäteten Zug und hat Schwierigkeiten, überhaupt einen Sitzplatz zu ergattern. Er macht sich Vorwürfe, dass er nicht das Auto genommen oder einen früheren Zug gewählt hat. Eigentlich wollte er die Zugfahrt nutzen, um den Arbeitstermin vorzubereiten, das geht unter diesen Umständen nicht. Wir können davon ausgehen, dass sich Herr B. in einem Zustand von Gefahr befinden wird. Die Vagusbremse ist gelockert, sein Sympathikus schüttet Stresshormone aus, er ist insgesamt in einer starken Anspannung. Eine Regulation wird möglicherweise während der gesamten Zugfahrt schwierig werden. Eine Häufung von solch länger anhaltenden sympathischen Zuständen kann zu den oben beschriebenen Symptomen führen.

Nun könnte es sein, dass Herr B. zusätzlich traumatische Erfahrungen erleben musste. Jede Erfahrung von Lebensgefahr, wie sie z.B. bei erlittener Gewalt, Vernachlässigung, Flucht, Vertreibung u.v.m. ausgelöst wird, hinterlässt Abdrücke im ANS. Die Folge sind blitzschnell auftretende extreme sympathikotone Reaktionen. Herr B. ist nun nicht in der Lage, sich selbst zu regulieren, und die Zugfahrt könnte bei ihm eine Panikattacke auslösen. Die Lage könnte sich für sein ANS auch so bedrohlich anfühlen, dass sein System kollabiert und er in einen dorsalen Zustand von Erstarrung und Lähmung kippt. Die Ampel springt auf rot. Es könnte sein, dass er nach überstandener Fahrt keinerlei bewusste Erinnerung daran hat. Wer sich aber gut an diese Erfahrung auch in Zukunft erinnern wird, ist das ANS.

Das ANS funktioniert wie ein fleißiger Buchhalter. Alle Erfahrungen werden registriert und abgelegt, d.h. im Körper, im Nervensystem, in den Zellen, in den Muskeln, im Gewebe, den Organen usw. gespeichert, um sie zu gegebener Zeit wieder abrufen zu können. Das alles geschieht außerhalb des Bewusstseins und dient dem Schutz und dem Überleben. Um jetzt das Zusammenspiel von ANS, Körper, Gedanken, Emotionen und inneren Vorstellungen noch besser zu verstehen, ist es wichtig, etwas über die Neurozeption zu erfahren.

Das hat etwas mit Wahrnehmung zu tun. Menschen können über ihre Sinne die Umwelt erfassen, um sich in ihr zurechtzufinden und sicher zu sein. Frau A. hat vielleicht schon bei Einfahrt des Zuges gesehen, dass manche Abteile leerer als andere sind. Da sie gern Ruhe haben möchte, sucht sie also einen entsprechenden Waggon auf. Da es sich zusätzlich noch um ein Ruheabteil handelt, freut sie sich über die Stille. Die Temperatur ist mit 20 Grad genau richtig für sie, die Luft fühlt sich frisch an. Jetzt schält sie sich noch eine Mandarine und riecht das Aroma der Frucht, die sie gern mag, und freut sich auf den leckeren Geschmack. Sie ist sich dieser Situation mehr oder weniger deutlich bewusst. Wenn sie ihre Aufmerksamkeit auf diese sinnlichen Erfahrungen von Sehen, Hören, Fühlen, Riechen und Schmecken lenkt, dann nimmt sie sie wahr. Sie ist im Gewahrsein der erlebten Situation. Diese Wahrnehmung nennt man Perzeption.

Gleichzeitig lösen die Erlebnisse bei Frau A. im Inneren Reaktionen aus, die ihr nicht bewusst sind. Vielleicht läuft ihr in Vorfreude auf die Mandarine das Wasser im Mund zusammen und ihr Darm beginnt in Erwartung der zu verarbeitenden Speisen zufrieden zu gluckern. Vielleicht ist sie gerade frisch verliebt und unterwegs zu der neuen Bekanntschaft. Sie hat Schmetterlinge im Bauch und ihr Herz fühlt sich ganz leicht an.

Bei Herrn B. hat sich während seiner Zugfahrt der Nacken immer mehr verspannt und seine Körperhaltung insgesamt verschlechtert, weil sich die Schultern vor und das Brustbein nach hinten innen bewegen. Er hat unbewusst eine Schutzhaltung eingenommen. Eine unbewusst sinnvolle Reaktion, wenn man sich bedroht fühlt, denn Schultern können einen äußeren Angriff besser überstehen als das Brustbein. Diese Wahrnehmung heißt Neurozeption. Es sind unbewusste Reaktionen auf Reize, die sich außerhalb des Bewusstseins befinden und die dazu dienen sollen, wieder Sicherheit zu erlangen.

Sowohl Frau A. als auch Herr B. werden die Zugfahrt durch die gemachten Erfahrungen gedanklich bewerten. Während Frau A. aus der erlebten Sicherheit heraus vermutlich Bahnfahren für eine gute Alternative zum Auto erklärt, wird Herr B. sich in seiner ablehnenden Haltung bestätigt sehen. Bei einer nächsten Zugfahrt wird bei beiden diese abgespeicherte Bewertung den Verlauf der folgenden Reaktionen des ANS beeinflussen. So entstehen Reiz-Reaktions-Muster.

Nun ist ja unser ANS ursprünglich angetreten, um für Sicherheit zu sorgen. Wie kann es also möglich sein, aus diesen Endlosschleifen herauszutreten, um neue gute Erfahrungen zu machen? Das geschieht über mehrere Schritte.

1. Ein Erkennen der automatisch ablaufenden Zustände (ventral, sympathisch und dorsal) – **Selbsterkenntnis**
2. Ein als sinnvoll bewertendes Akzeptieren dieser dem Überleben dienenden Reaktionen – **Selbstakzeptanz**
3. Das Erlernen und Erfahren von **Co- und Selbstregulation**
4. Die Erfahrung von Verbundenheit und die Entwicklung von **Selbst-Mitgefühl**

Den ersten Schritt bezeichnen wir als **Selbsterkenntnis.** Das geht nur über die Selbstwahrnehmung und vor allem das körperliche Spüren, wie wir es im Traumasensiblen Yoga anregen. Wenn du die Übungen nach der Anleitung von der Audio-Datei praktizierst, wirst du zu einem immer feineren Erspüren der inneren Prozesse während und nach einer Haltung angeregt. Das lässt dich langsam die Landkarte deines Körpers entdecken und gibt dir nach und nach mehr Sicherheit. So kannst du auch in den Situationen, in denen sich dein System in Gefahr oder sogar extremer Bedrohung fühlt, lernen, bei dir zu bleiben und dich wahrzunehmen. Der Fragebogen und die Auswertung unserer Umfrage werden dir weitere Anhaltspunkte liefern.

Der zweite Schritt danach ist genauso wichtig, den man **Selbst-Akzeptanz** nennt. Bestimmt ist dir schon aufgefallen, dass du Botschaften aus deinem Inneren nicht immer mit Freude wahrnimmst. Alle unangenehmen Symptome wie z. B. Schmerzen, Druck oder Anspannung lösen in dir vielleicht eher Ablehnung aus. Du fragst dich möglicherweise, warum du z. B. schon wieder so schlecht einschlafen kannst, obwohl du doch eigentlich gut für dich gesorgt hast und z. B. keinen späten Kaffee getrunken hast. Nun gibt es Menschen, die suchen die Gründe für ihr Erleben im Außen. Du könntest deinen Nachbarn dafür verantwortlich machen, weil er schon wieder so spät in seiner Wohnung über deiner herumläuft. Dabei gibt es Nächte, da stören dich die Geräusche aus der Nachbarwohnung nicht. Viele Menschen machen zunächst einen Mitmenschen oder die äußeren Umstände für ihre Befindlichkeit verantwortlich und suchen eine Lösung in der Auseinandersetzung damit. Herr B. wird vermutlich seine Misere auf die DB schieben. Wie wir wissen, werden sich weder unsere Mitmenschen, die äußere Situation noch die DB so schnell ändern.

Wie wäre es, diese Zustände und Symptome erst einmal anzunehmen? Von einer Klientin habe ich (A.D.) diese Formel gelernt:

Leiden = Schmerz x Widerstand

Schmerzen gehören zum Leben dazu. Jede Frau, die ein Kind geboren hat, weiß, dass der Geburtsvorgang nicht ohne Schmerzen abgelaufen ist. Sie hat vielleicht in der Geburtsvorbereitung gelernt, den Schmerzen mit bewusstem Atmen und Lösen von Anspannung zu begegnen. Jede Abwehr, jeder Widerstand und jedes sich gegen diesen natürlichen Prozess Stemmen hätte die Geburt schwieriger und vermutlich schmerzhafter werden lassen. Das bedeutet im übertragenen Sinn, wenn auf einen Schmerz eine innere Haltung der Abwehr trifft, dann entsteht Leiden. Schmerzen, Verletzungen, Krankheiten und Verluste sind Teil des Lebens. In der Annahme, in der Akzeptanz liegt die Kraft der Wandlung und Transformation. Die Hintergründe für den plötzlich auftretenden Schmerz zu erkennen ist nicht automatisch möglich und nötig. Häufig sind sie tief im Inneren verborgen und haben etwas mit vergangenen unbewussten Erfahrungen, aber nicht unbedingt etwas mit der aktuellen, äußeren Situation oder anderen Menschen zu tun. Diese sind nur die Auslöser für etwas, das viel tiefer liegt. Wenn Menschen Gewalt oder Vernachlässigung erfahren haben, ist dieser Prozess eventuell besonders schwer. Es geht nicht darum, die traumatischen Erlebnisse zu bagatellisieren. Die Symptome sind ganz natürliche Reaktionen des ANS auf das unnatürliche Ereignis. Dieser Prozess benötigt möglicherweise eine Begleitung und beinhaltet eine Würdigung der erlebten Schrecken. Dann kann sich vielleicht die innere Abwehr, die dem Schutz gedient hat, langsam in eine Selbstakzeptanz wandeln.

In der Akzeptanz liegt die Kraft der Veränderung, denn sie ermöglicht, die Opferrolle (andere sind schuld) zu verlassen und **Selbstwirksamkeit** zu erfahren. Wenn einem Schmerz dieser Raum gegeben wird, dann bekommt er die Beachtung, die er benötigt.

Übung Selbstakzeptanz:

Spüre mit geschlossenen oder offenen Augen für einen Moment in deinen Körper. Gibt es einen Bereich, der sich verspannt, blockiert, schmerzhaft oder einfach unangenehm anfühlt?

Vielleicht bemerkst du gleichzeitig, wie sich in dir etwas dagegen wehrt? Das könnte eine zusätzliche Anspannung, einen Druck, ein sich verstärkendes Unwohlsein auslösen.

Wie wäre es, stattdessen mit Akzeptanz darauf zu reagieren, egal welche Gedanken das in dir auslöst?

Bleibe bei dem, was du fühlst, und gib dieser Wahrnehmung Raum. Bleibe im Kontakt mit dem Schmerz und beobachte, was geschieht. Nimm deinen Atem wahr und bleibe gleichzeitig im Kontakt mit dem Atem. Als könntest du dich selbst wie eine liebevolle Mutter oder ein Vater auf diese Weise beruhigen und trösten. Bleibe bei dir und nimm wahr, was ist.

Es könnte sein, dass du die Erfahrung gemacht hast, dass sich der Schmerz verändert hat, oder dass er in einen anderen Körperbereich gewandert ist. Es könnte dir das Gefühl vermittelt haben, dass dieser Kontakt möglich ist, ohne dass er dich überwältigt und überflutet hat. Diese Selbsterfahrungen sind ein wesentlicher Bestandteil des TSY. Wenn es dir nicht möglich war, so wie beschrieben bei dir zu bleiben, dann lasse dich zunächst von jemandem dabei begleiten.

Nun bist du beim dritten Schritt der Selbst- oder Co-Regulation angelangt. Mit dem akzeptierenden Hinspüren bist du empathisch mitfühlend bei dir und kannst vielleicht die Schutzreaktionen des ANS vermeiden oder zumindest abfedern.

Um zu wissen, was dir in welcher Situation guttut, braucht es die Fähigkeit, dich bei vollem Bewusstsein zu spüren. Ein Spüren findet immer im gegenwärtigen Moment unter Beteiligung des ventralen Vagus statt. Spüren geschieht in Beziehung mit dem eigenen Körper und Erleben und auch in der Beziehung zu anderen. Wenn das Sich-nicht-Spüren zu einem das Überleben sichernden Zustand geworden ist, braucht es vertrauensbildende Maßnahmen. Nur in erlebter Sicherheit und mit einem vertrauensvollen Gegenüber wird sich die Spürfähigkeit wie eine fest verschlossene Knospe langsam öffnen können. Diese Spürfähigkeit ermöglicht dir ein Erkennen, in welchem der autonomen Zustände du gerade bist. So kann in der Aktion der Regulation erkannt werden, ob die Wirkung in die gewünschte Richtung geht. Das wiederum erweitert deine Selbstregulation und Selbstkompetenz.

Wir haben dazu einen Fragebogen entwickelt, der Hilfestellung gibt, um zu den einzelnen Zuständen des ANS sogenannte eigene Spürmarker zu entdecken. Wie reagierst du in welchem Zustand, wie fühlt sich das an, was löst es sonst noch aus, und vor allem – was ist hilfreich?

Du findest im Fragebogen verschiedene Spalten.

1. **Spalte:**
   Hier findest du untereinander die drei Zustände des ANS.
   Diese Spalten sind für dein Verständnis.
2. **Spalte:**
   Hier findest du zu den drei Zuständen des ANS sogenannte Spürmarker, von denen du vielleicht einige kennst. Wenn dies der Fall ist, markiere das Kästchen davor.
3. **Spalte:**
   Hier kannst du weitere, persönliche Spürmarker eintragen, die du in der zweiten Spalte nicht gefunden hast.
4. **Spalte:**
   Hier kannst du eintragen, welche Aspekte des Yoga/ der Meditation für dich besonders hilfreich sind.

Die beiden Musterfragebögen von Frau A. und Herrn B. können dir eine weitere Hilfestellung geben.[5]

---

5 Um tiefere Einblicke in das ANS und die Möglichkeiten der Regulation mit Hilfe von Yogaübungen zu erlangen, haben wir Teilnehmende aus unseren Seminaren, Klient*innen und Leser*innen des Deutschen Yoga-Forums befragt. Eine Auswertung kann du auf unserer Homepage www.traumasensiblesyoga.de einsehen.

	1. Zustände des ANS	2. Spürmarker ⊗ selbst erlebt
AMPEL ROT	**Dorsaler Vagus allein aktiv** – Existentielle Bedrohung – Immobilisation – Kollaps – Hilflosigkeit Typisch: Spürmarker werden oft nicht wahrgenommen, erst wenn Beruhigung einsetzt in der Rückschau	○ Atem extrem flach ○ Atem stockt ○ Passiv ○ Geringer Muskeltonus ○ Keine Energie ○ Zittern ○ Frieren ○ Verkrampfungen ○ Durchfall ○ Ängstlich ○ Einsam ○ Abgeschaltet
AMPEL GELB	**Sympathikus allein aktiv** – Gefahr – Mobilisation – Kampf oder Flucht – Erregung – Aktivität	○ Brustatmung ○ Herzklopfen ○ Muskelanspannung ○ Aggressiv ○ Zu viel Energie (aufgedreht) ○ Hitzig/heiß ○ Überfordernd ○ Abwehrend im Kontakt
AMPEL GRÜN	**Ventraler Vagus aktiv** – Sicherheit – Präsenz – Kontakt – Beziehung – Positiver innerer Dialog	○ Natürliche Atmung ○ Ruhiger Puls ○ Normaler Blutdruck ○ Warm, durchblutet ○ Wach, offen ○ Zuversichtlich ○ »gesunde Aktivität« ○ Entspannt

3. Spürmarker weitere	4. (Co) Regulation Yoga/ Meditation

	1. Zustände des ANS	2. Spürmarker Frau A. ⊗ selbst erlebt	3. Spürmarker Frau A. weitere	4. (Co) Regulation Frau A. Yoga/Meditation
AMPEL ROT	**Dorsaler Vagus allein aktiv** – Existentielle Bedrohung – Immobilisation – Kollaps – Hilflosigkeit Typisch: Spürmarker werden oft nicht wahrgenommen, erst wenn Beruhigung einsetzt in der Rückschau	⊗ Atem extrem flach ⊗ Atem stockt ○ Passiv ○ Geringer Muskeltonus ⊗ Keine Energie ○ Zittern ○ Frieren ○ Verkrampfungen ○ Durchfall ⊗ Ängstlich ○ Einsam ○ Abgeschaltet	– Schwindel – Kloß im Hals	– Die ruhige Anleitung des/der Yogalehrenden – Schüttelübungen – Bewegungsabläufe – Fließende Bewegungen
AMPEL GELB	**Sympathikus allein aktiv** – Gefahr – Mobilisation – Kampf oder Flucht – Erregung – Aktivität	○ Brustatmung ⊗ Herzklopfen ⊗ Muskelanspannung ○ Aggressiv ⊗ Zu viel Energie (aufgedreht) ○ Hitzig/heiß ⊗ Überfordernd ○ Abwehrend im Kontakt	– Schmerzen im unteren Rücken – Unruhige Beine	– Drehübungen (z. B. Krokodil, Drehsitz) – Bewertungsfreie, achtsame Wahrnehmung des Atems
AMPEL GRÜN	**Ventraler Vagus aktiv** – Sicherheit – Präsenz – Kontakt – Beziehung – Positiver innerer Dialog	⊗ Natürliche Atmung ⊗ Ruhiger Puls ○ Normaler Blutdruck ⊗ Warm, durchblutet ○ Wach, offen ○ Zuversichtlich ○ »gesunde Aktivität« ⊗ Entspannt	– Durchatmen können – hörbar Aufatmen – Bauchatmung möglich – Im Gleichgewicht	

	1. Zustände des ANS	2. Spürmarker Herr B. ⊗ selbst erlebt	3. Spürmarker Herr B. weitere	4. (Co) Regulation Herr B. Yoga/Meditation
AMPEL ROT	**Dorsaler Vagus allein aktiv** – Existentielle Bedrohung – Immobilisation – Kollaps – Hilflosigkeit Typisch: Spürmarker werden oft nicht wahrgenommen, erst wenn Beruhigung einsetzt in der Rückschau	○ Atem extrem flach ○ Atem stockt ○ Passiv ⊗ Geringer Muskeltonus ○ Keine Energie ⊗ Zittern ○ Frieren ⊗ Verkrampfungen ○ Durchfall ○ Ängstlich ⊗ Einsam ⊗ Abgeschaltet	– Kopfschmerzen – Taubheitsgefühle – Sprachlosigkeit	– Übungen, die die Gelenke mobilisieren – Selbstberührungen in den Übungen, z. B. im Liegen Knie heranziehen
AMPEL GELB	**Sympathikus allein aktiv** – Gefahr – Mobilisation – Kampf oder Flucht – Erregung – Aktivität	⊗ Brustatmung ⊗ Herzklopfen ⊗ Muskelanspannung ⊗ Aggressiv ○ Zu viel Energie (aufgedreht) ⊗ Hitzig/heiß ○ Überfordernd ⊗ Abwehrend im Kontakt	– Extreme Nackenverspannungen – Hyperventilation	– Wiegende Übungen, z. B. Käferschaukel – Natürliche Atmung wahrnehmen – Tiefenentspannung mit Wahrnehmung des Körperkontaktes zum Boden
AMPEL GRÜN	**Ventraler Vagus aktiv** – Sicherheit – Präsenz – Kontakt – Beziehung – Positiver innerer Dialog	⊗ Natürliche Atmung ○ Ruhiger Puls ○ Normaler Blutdruck ⊗ Warm, durchblutet ⊗ Wach, offen ○ Zuversichtlich ⊗ »gesunde Aktivität« ⊗ Entspannt	– Gähnen – weniger Groll auf andere, reflektieren möglich	

Nun hast du drei elementare Schritte auf deinem Weg zu mehr Erfüllung und Selbstbestimmung kennen gelernt.

1. **Selbsterkenntnis**
2. Ein als sinnvoll bewertendes Akzeptieren dieser dem Überleben dienenden Reaktionen – **Selbstakzeptanz**
3. Das Erlernen und Erfahren von **Co- und Selbstregulation**

Der vierte und letzte Schritt geschieht dann vielleicht wie von selbst und erscheint wie ein Geschenk. Er kann als die Erfahrung von **Verbundenheit** und **Selbst-Mitgefühl** in dein Leben treten.

Ein Mensch, der mit sich selbst verbunden ist, wird sich auch in andere einfühlen können. Daraus entstehen gelingende Beziehungen.

Nun möchten wir dich einladen, dir beim Praktizieren des TSY einen ganz persönlichen Koffer zu packen. In ihn legst du alle Übungen und Erfahrungen hinein, die dich aus der Gefahr wieder in die Sicherheit führen und dich im grünen Bereich sein lassen. Alles, was dich mit dir in Beziehung und in einem guten Kontakt sein lässt, gehört in diesen Koffer. Alles, was dich wieder spüren lässt und dir ein Gefühl von Lebendigkeit vermittelt, ist wichtiger Teil dieses besonderen »Gepäcks«. So füllt sich nach und nach dein »Ressourcenkoffer« und wird zu einem wichtigen Begleiter in allen Lebenslagen.

Wir wünschen dir viel Freude und Leichtigkeit beim Tun!